만화
정약용과
그의 형제들
1

참고자료

손택수, 정약전 원저, 『바다를 품은 책 자산어보』, 아이세움, 2006.
박영규, 『조선사 이야기 3』, 주니어김영사, 2003.
정민, 『미쳐야 미친다』, 푸른역사, 2004.
이이화, 『한국근대인물의 해명』, 학민사, 1985.
수원시 홍보책자, 『세계문화유산 – 수원화성』.

KI신서 4133

정약용과 그의 형제들 1

1판 1쇄 인쇄 2012년 7월 20일
1판 1쇄 발행 2012년 7월 26일

원작 이덕일 **글·그림** 탁영호
펴낸이 김영곤 **펴낸곳** (주)북이십일 21세기북스
부사장 임병주
MC기획1실장 김성수 **BC기획팀** 심지혜 장보라 양으녕 **해외기획팀** 김준수 조민정
출판개발실장 주명석 **편집1팀장** 박상문 **책임편집** 조유진
디자인 표지 윤정아 **본문** 정란
마케팅영업본부장 최창규 **마케팅** 김현섭 강서영 **영업** 이경희 정병철
출판등록 2000년 5월 6일 제10-1965호
주소 (우 413-120) 경기도 파주시 회동길 201(문발동)
대표전화 031-955-2100 **팩스** 031-955-2122 **이메일** book21@book21.co.kr
홈페이지 www.book21.com **블로그** b.book21.com **트위터** @21cbook

ⓒ 탁영호, 2012

ISBN 978-89-509-3890-1 03900
      978-89-509-3907-6 (세트)
책값은 뒤표지에 있습니다.

이 책 내용의 일부 또는 전부를 재사용하려면 반드시 (주)북이십일의 동의를 얻어야 합니다.
잘못 만들어진 책은 구입하신 서점에서 교환해 드립니다.

만화

정약용과 그의 형제들

원작 이덕일 | 글·그림 탁영호

1

21세기북스

머리말

탁영호 화백의 솜씨로 되살아난 만화 『정약용과 그의 형제들』을 대하니 이 책을 처음 쓸 무렵의 일이 생각납니다. 그때 나는 지인들과 함께 정약용 선생을 중심으로 세 형제와 그 가족들의 흔적을 찾아서 전국 방방곡곡을 돌아다녔습니다. 역사서는 머릿속의 지식만으로 쓰는 것이 아니라 사료를 대하는 뜨거운 가슴과 현장을 다니는 부르튼 발로 함께 쓰는 것이기 때문입니다. 그렇게 쓴 역사서만이 시간과 공간의 제약을 뛰어넘어 생생하게 살아 움직일 수 있다고 생각합니다. 대부분의 답사는 답답한 도시를 벗어나서 시골과 자연 속으로 들어가는 일이기 때문에 몸은 고달파도 마음만은 즐겁습니다.

그러나 정약용 형제의 흔적을 찾아다니는 길은 그리 즐거운 일만이 아니라는 사실을 짐작하고 있었습니다. 세 형제가 모두 순탄하지 못한 삶을 살았다는 사실을 잘 알기 때문입니다. 사실 정약용 형제의 흔적을 찾아다니는 길은 짐작했던 것보다 훨씬 괴로운 여정이었습니다. 발이 힘들어서가 아니라 마음이 힘들었기 때문입니다. 정약용 형제의 흔적을 찾는 길은 그 시대의 비극과 마주서는 일이었습니다. 그들은 그 누구도 해치거나 그 누구도 해롭게 하지 않았습니다. 오히려 누구보다도 그 시대의 사람들을 사랑했고, 그 시대의 학문을 사랑했고, 무엇보다 그 시대를 사랑했기에 잘못된 것을 바꾸려고 노력했던 사람들이었습니다. 그럼에도 삼형제는 정조의 죽음과 함께 비참한 나락으로 떨어져야 했습니다. 정약종 선생은 목이 잘려 죽어야 했습니다. 정약전 선생도 남도의 섬 우의도에서 유배 16년 만에 쓸쓸하게 죽어가야 했습니다. 정약전 선생이 유배 가서 아이들을 가르치던 흑산도 사리 앞 바닷물이 슬프도록 맑은 것은 그의 쓸쓸했던 인생이 투영되었기 때문일 것입니다. 유배에서 돌아온 후 고향에서 조용히 생을 마친 정약용이 그나마 가장 편안한 삶을 살았던 셈입니다.

그래서 이 형제들을 비극적 운명으로 몰고 간 그 시대의 구조에 대해서 써봐야겠다는 생각을 하게 되었고, 그 결과 발간된 책이 『정약용과 그의 형제들』이었습니다. 『정약용과 그의 형제들』에 정약용과 그 형제들의 개인적 삶뿐만 아니라 그 형제들을 비극적 인생으로 몰고 간 그 시대의 구조에 대해서 서술하게 된 것은 이런 이유 때문입니다.

지금 우리 사회는 정약용 형제를 박해하던 그 모습에서 얼마나 달라져 있는지 생각해봅니다. 정약용 형제는 인생에서 실패하고 역사에서 승리한 사람들입니다. 정약용 형제가 지금 살아 있다면 과연 인생에서도 성공할 수 있을까요? 불행하게도 선뜻 '그렇다'고 대답하지 못하는 것이 현실입니다. 어떻게 보면 잘못된 구조를 바꾸려고 노력하는 그 자체가 인생이고 인간의 가치이기 때문입니다. 그런 인생에서 배우는 것이 더욱 크듯이 우리의 노력으로 이 시대가 전 시대보다 조금이라도 더 나아질 수 있다면 거부할 수 없는 길일 것입니다.

탁영호 화백의 손끝에서 재탄생한 『만화 정약용과 그의 형제들』은 어린 시절을 떠오르게 합니다. 더운 여름날이면 시원한 나무 그늘 아래서, 추운 겨울날이면 따뜻한 아랫목에서 만화를 보곤 했습니다. 어쩌면 내 어린 시절의 지식은 대부분 만화에서 얻은 것인지도 모릅니다. 이제 이런 묵직한 주제까지 만화로 재창작되는 것을 지켜보면서 역사는 풍부해지고 넓어진다는 생각이 듭니다. 원작은 원작대로, 만화는 만화대로 다 자기 생명력을 갖고 있습니다. 그런 생명력들이 모여서 우리 인생과 우리 역사를 보다 풍부하게 만드는 것입니다. 이제 만화로 새롭게 세상에 첫발을 딛는 『정약용과 그의 형제들』이 원작 못지않은 사랑을 독자여러분에게 받을 수 있기를 바라 마지않습니다.

원작자 **이덕일**

| 차례 |

머리말 _ 4
등장인물 _ 8

서문. 엇갈리는 운명 _12

제1장 인연의 사람들

1. 운명의 해, 임오년 _28
2. 아버지와 장인 _46
3. 이익과 희대의 천재 이가환 _55
4. 세계 최초의 자청 영세자 이승훈 _68
5. 자생적 천주교 조직의 지도자 이벽 _76

제2장 정조와 천주교

1. 정조와의 첫 만남 _82
2. 사도세자와 얽힌 인연 _92
3. 최초의 천주교 사태, 을사추조 사건 _112
4. 정약용과 친구들의 악연 _125
5. 부모의 신주를 불태운 진산 사건 _132
6. 이기경, 적으로 돌아서다 _145

제3장 사도세자! 사도세자!

1. 사도세자의 유산 _166
2. 정조의 선택 _183
3. 사도세자의 도읍, 화성 _191
4. 금등지사의 비밀 _207

제4장 벼슬길에서

1. 암행어사 정약용 _230
2. 주문모, 잠입하다 _255
3. 옥책문 _262
4. 천세, 천세, 천천세 _273
5. 금원의 잔치 _283

등장인물

정재원(丁載遠:1730~1792)
정약용 형제의 부친으로 영조 38년(1762) 생원시에 급제했고, 대과(大科)는 보지 않았으나 음보(陰補)로 지방관에 나가 진주 목사로 있던 중 사망했다. 첫 부인 남씨가 장남 약현을, 후취 윤씨가 약전·약종·약용과 이승훈의 부인이 된 딸을 낳았다.

정약현(丁若鉉:1751~1821)
정약용의 이복 맏형으로 정조 19년(1795) 진사시에 합격했으나 벼슬에는 나가지 않았다. 자신은 천주교도가 아니었으나 첫 부인이 이벽의 누이였으며, 딸 명련(命連)은 황사영과 혼인한 관계로 고초를 겪었다.

정약전(丁若銓:1758~1816)
정약용의 둘째형으로 정조 14년(1790) 문과에 급제하고 병조좌랑 등을 역임했다. 정조 사후 흑산도에 유배되어『자산어보(玆山魚譜)』,『논어난(論語難)』,『자산역간(玆山易柬)』,『송정사의(松政私議)』등의 저술을 남겼다.

정약종(丁若鍾:1760~1801)
정약용의 막내 형으로 다른 형제들보다 늦게 천주교를 받아들였으나 다른 양반들이 천주교를 버릴 때도 신앙을 굳게 지켰다. 정조 사후 국문을 받고 참수당했다.

이승훈(李承薰:1756~1801)
정조 7년(1783) 말 부친을 따라 베이징에 가서 서양인 신부에게 영세를 받고 이듬해 돌아옴으로써 천주교를 자발적으로 수용한다. 이때 그가 가져온 천주교 서적들은 여러 차례 정국에 파란을 일으켰다. 정약용 형제의 매형이기도 한 그는 1801년 신유박해 때 사형당했다.

이가환(李家煥:1742~1801)
성호 이익의 증손으로 벼슬이 형조판서에 이르렀다. 당대 제일의 천재 학자로 정조와 서양의 과학문명에 대해 대화를 나누기도 했다. 채제공 사후 남인 영수가 되었으나 천주교도라는 공격을 받아 자리에서 물러났다. 천주교를 버렸음을 언행으로 입증했으나 신유박해 때 사형당했다. 저서로 『금대관집(錦帶館集)』이 있다.

이벽(李檗:1754~1785)
정약현의 처남으로 정약용에게 처음으로 천주교를 가르쳐 주었다. 박식했으나 천주교를 접한 후 벼슬을 포기했다. 문중으로부터 강한 배교 압력을 받아오다가 병사했는데, 일각에는 독살설도 있다.

채제공(蔡濟恭:1720~1799)
정조 때의 남인 영수로 좌의정을 지냈다. 정조 때 사도세자 문제를 거론했다가 큰 파문을 일으켰다. 그가 죽고 나서 남인들의 세력이 약화되었다.

홍화보(洪和輔:1726~1791)
정약용의 장인. 영조 47년(1771) 훈련초관으로 국자시(國子試)에 1등했으며 무관으로서는 이례적으로 동부승지에 발탁되기도 했다. 정조 15년(1791년) 황해도 병마절도사로 있을 때 사망했다.

정학연(丁學淵:1783~1859)
정약용의 맏아들로 시문과 의술에 밝았다.『종축회통(種畜會通)』이란 저서가 있다.

정학유(丁學遊:1786~1855)
정약용의 둘째 아들로「농가월령가(農家月令歌)」의 작자이기도 하다.

정학초(丁學樵:1791~1807)
정약전의 아들로 학문에 뛰어나 정약용이 학문의 후계자로 삼으려 했으나 17세에 요절했다.

서용보(徐龍輔:1757~1824)
노론 벽파로 정약용을 비롯한 남인들을 공격한다. 영조 때 대사헌 등을 지냈으며 순조 때 우의정으로서 신해박해를 주도하면서 정약용의 석방을 방해했다. 1819년에는 영의정에 오른다.

심환지(沈煥之:1730~1802)
영조 47년(1771) 문과에 급제해 벼슬길에 나온 이후 정조 때 벽파의 영수가 된다. 정조 사후 영의정을 맡아 신유박해를 주도했다.

혜장(惠藏:1772~1811)
젊어서 대둔사의 주지가 되었다. 『주역』을 공부하다가 정약용을 만난 후 다산을 사실상 스승으로 삼았다. 그가 일찍 죽자 정약용이 「아암장공탑명(兒菴藏公塔銘)」을 써주었다.

황사영(黃嗣永:1775~1801)
서울 출신으로 정약현의 딸 명련과 결혼하면서 천주교에 입교한다. 정조 14년(1790) 사마시에 급제한 후 정조의 부름을 받았으나 벼슬을 포기하고 전교에만 전념한다. 은둔지 배론에서 신유박해의 전말을 담은 「백서(帛書)」를 작성해 베이징 주교에게 전달하려다 발각되어 능지처사되었다. 가족들은 모두 노비가 되어 귀양갔으며 그의 집에는 우물이 만들어졌다.

주문모(周文謨:1752~1801)
중국 장쑤성 쑤저우[蘇州] 출신으로 베이징 신학교 졸업 후 정조 18년(1794) 지황 등의 안내로 입국했다. 이후 7년 동안 숨어 다니면서 천주교를 전파했는데, 신유박해 때 국경 부근까지 도망갔다가 되돌아와 의금부에 자수했다. 1801년 새남터에서 군문효수형(軍門梟首刑)으로 순교했다.

서문. 엇갈리는 운명

1800년 6월 28일 조선 22대 임금인 정조가 세상을 떠났다.

그 후 정조의 장례가 끝나고 새로운 임금인 순조가 즉위한 1801년, 즉 정조 사후 8개월 후인 그해 2월 27일의 일이다.

* 붕어(崩御) : 임금이 세상을 떠남.

* 출처 : 『고시 27수』, 「큰 잔치」 중에서

제1장
인연의 사람들

1. 운명의 해, 임오년

임오년(1762) 3월 말 정약용의 아버지 정재원은 벼슬길을 집어치우고 고향 마재로 낙향했다.

가자, 벼슬살이 집어치우고 고향으로 내려가자.

정재원은 초시에 합격하고 복시를 준비 중이었다.

벼슬길에 오르려 한성으로 왔네.

어허, 때가 안 좋아….

그게 무슨 말인가.

* 아명(兒名) : 아이 때의 이름

* 득지(得志) : 뜻대로 일이 이루어짐.

제1장 인연의 사람들　33

제1장 인연의 사람들 37

2. 아버지와 장인

* 유건(儒巾) : 유생들이 쓰는 망건.

* 「봄날 계부 따라 배를 타고 한양에 가면서」

3. 이익과 희대의 천재 이가환

* 사숙(私淑) : 직접 가르침을 받지는 않았으나 마음속으로 그 사람을 본받아서 도나 학문을 닦는 것.

* 숙종 6년에 남인이 대거 실각하여 정권에서 물러난 사건. 경신대출척(庚申大黜陟)이라고도 하며 이 사건 이후 서인이 득세했다.

* 형신(刑訊) : 죄인을 형구(刑具)로 고문하면서 신문(訊問)하여 자백을 받아내는 조사 방법
** 경종 때 소론에서 편찬한 『숙종실록 보궐정오』는 이잠이 '이 소를 올려 스스로 춘궁(春宮 : 세자)을 위하여 죽는다는 뜻을 붙였는데, 그 어머니가 힘껏 말렸으나 그만두지 않고, 드디어 극형을 받았다'고 기록하고 있다.

그의 균전법은 일종의 한전법(限田法)으로서 일정 규모 이상 농토를 소유하지 못하게 하자는 것이다.

*『사설유선(僿說類選)』, 「치도문(治道門)」

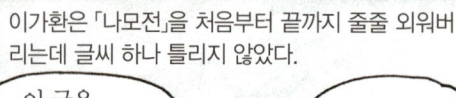

4. 세계 최초의 자칭 영세자 이승훈

천주교가 조선에 알려진 것은 청에 사신으로 갔던 사람들이 다른 서양 책들과 함께 천주교 책을 가져온 것이 계기이다.

남인들은 처음부터 천주교를 종교로 받아들인 것이 아니었다.

> 서양의 종교 철학으로 연구했다.

남인은 천주교 서적을 서양학을 뜻하는 서학이라고 부르며 학문서로 받아들였다.

정조와 이가환이 천주교에 대해 스스럼없이 대화할 정도로 서학서는 비밀 서적도 아니었다.

> 선교사 마테오 리치는 어떤 인물인가?

> 서학 교리서 『천주실의』를 지은 자이옵니다.

정쟁에 이용되기 전까지 서양서는 선진국의 학문서에 불과했다. 이익은 서학에 대해서 그 장점만을 취하자는 주체적 수용관이었다.

> 서학의 천문, 지리, 수학, 역법 등의 과학 이론은 매우 유용하지만

> 종교이론은 불교와 같아 해괴하다.

* 서장관(書狀官) : 사신을 따라가는 기록관

5. 자생적 천주교 조직의 지도자 이벽

이벽은 이승훈에게 신앙을 주었던 자생적인 천주교 조직의 지도자였다.

"선교사가 없는 상태에서 스스로 천주교 조직을 만들었지."

이벽은 키가 8척이고 한 손으로 무쇠 백 근을 드는 장사였다.

"신체뿐만 아니라 머리도 매우 총명했다."

그러나 이벽은 벼슬에는 별 뜻을 두지 않은 채 명산대찰을 찾아 다니거나 뜻 맞는 선비들과 토론하기를 즐겼다.

그러던 이벽이 천주교를 접하게 된 것은 그의 고조부 이경상 때문이다.

"아버지, 이 책들은 무엇입니까?"

"그건 네 고조부께서 선양에 인질로 잡혀간 소현세자를 모셨는데 그때 얻은 천주교 서적이란다."

* 이 가사는 이승훈의 유고집인 『만천유고(蔓川遺稿)』에 수록되어 있다.

그러나 천주교가 사교로 몰리면서 이 강학회에 참석했던 상당수의 인물들이 비참한 최후를 맞는다.

강학회를 이끌었던 권철신이나 그에게 천주교를 전했던 이벽, 그리고 정약전 등이 그런 인물이다.

이벽은 이익의 종손이자 유명한 천재인 이가환을 중요한 전교 대상으로 삼았다.

사형(士兄)이 천주교에 입교하면 많은 남인들도 동요할 것이오.

하지만 이가환은 서학에는 긍정적이었지만 서교에는 긍정적이지 않았다.

사후에 행복을 바라는 종교는 새로운 세상이 될 수 없네.

이벽이 이가환을 입교시키는 데는 실패했지만 이가환은 훗날 천주교 신자로 몰려 비극적인 운명을 맞는다.

이벽은 중인들에게도 천주교를 전파했다.

천주 앞에서는 모두 같은 사람입니다.

역관이나 의관이었던 최창현, 최인길, 김종교, 김범우, 지황 등이 그들이었다.

천주교 박해가 시작되자 대부분의 양반들이 배교했지만 이들은 청나라 사람 주문모 신부를 입국시키는 등 신앙을 지키고 서슴없이 목숨을 바쳤다.

자생적 천주교도였던 이벽 덕분에 조선은 이승훈이 영세를 받기 전 이미 천주교 조직이 있었는데

이승훈이 영세를 받고 귀국한 후 빠른 속도로 전파되고 있었다.

그리고 그 대상에는 정약용 형제들도 있었다.

제2장
정조와 천주교

1. 정조와의 첫 만남

서학을 서교로 받아들인 모든 사람들이 정약용의 친척이었으므로 그에게 천주교는 피할 수 없는 숙명이었다.

이 피할 수 없었던 첫 번째 운명처럼 또 하나의 운명이 있었다.

고개를 들라.

1783년 정약용은 세자 책봉을 축하하기 위한 증광감시(增廣監試)에 합격해 생원이 되었다.

몇 살인고?

임오생이옵니다.

* 절제(節製)라고도 했으며 1년에 인일(人日:1월 7일), 상사(上巳:3월 3일), 칠석(七夕:7월 7일), 중양(重陽:9월 9일) 등 네 번 실시했다.

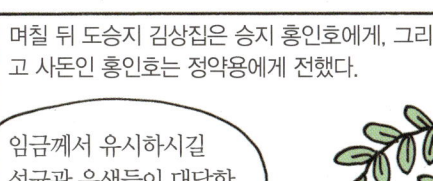

* 상피(相避) : 일정 범위 내의 친족간에는 같은 관사(官司)나 통속관계(統屬關係)에 해당하는 관사(官司)에 나아가지 못하게 하거나, 혹은 청송관(聽訟官), 시관(試官) 등이 될 수 없게 하는 제도.

제2장 정조와 천주교

2. 사도세자와 얽힌 인연

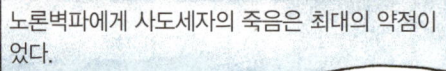

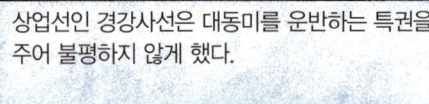
상업선인 경강사선은 대동미를 운반하는 특권을 주어 불평하지 않게 했다.

정조는 주교 축조 임무를 잘 수행한 정약용의 능력을 높이 샀다.

정조에게 필요한 인재는 이론과 실제를 겸비한 인물이었는데, 정약용이 그런 인물이었다.

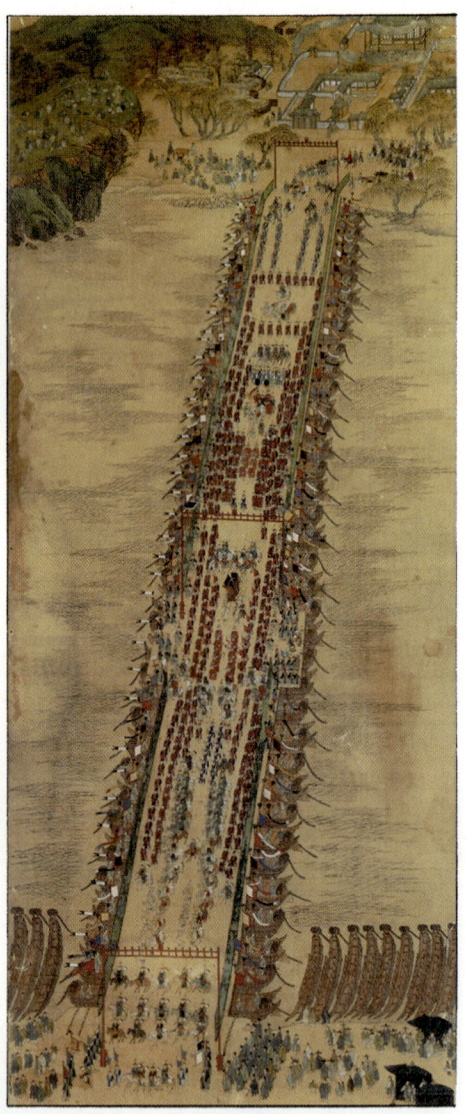

〈화성능행도〉, [한강주교환어도]
: 김홍도, 비단에 채색, 국립고궁박물관

[한강주교환어도]는 오랭진에 설치된 주교(배다리)로 한강을 건너 창덕궁으로 환어하는 어가행렬 장면이다. 이 배다리는 1789년 10월 정조가 사도세자의 무덤을 현륭원으로 옮길 때 처음 사용되었다.

* 액예(掖隷) : 궁중 잡무를 맡은 하인.

3. 최초의 천주교 사태, 을사추조 사건

잉, 이건 뭐야?

양반네들도 끼어 있네.

집 안에서는 이상한 의식이 진행되고 있었다.

양반 한 명이 중앙에 앉아서 무언가를 설명하고 있었는데, 그가 바로 이벽이었다.

그리고 중인들 사이에 이승훈과 권일신, 권상학 부자, 그리고 정약전, 정약종 형제도 있었다.

금리들은 현장에서 천주교 서적과 화상들을 압수해 형조에 바쳤다.

이상한 것들이 있어 가져왔습니다.

단양으로 유배간 김범우는 1년 만에 사망함으로써 조선 천주교회의 첫 순교자가 되었다.

이 사건은 겉으로는 한 중인의 희생으로 종결되는 듯했으나

이는 앞으로 전개될 수많은 비극적 사건의 서막에 불과했다.

이 사건은 유학자들의 위기감을 고조시켜 반천주교 운동이 사방에서 일어났다.

나라의 근간을 해치는 사교를 퇴치하자!

그 선봉에 선 것은 성균관의 태학생들이었으며 그들은 통문을 돌려 천주교인들과 완전히 절교하라고 요구했다.

사학을 엄중하게 배척해야 합니다!

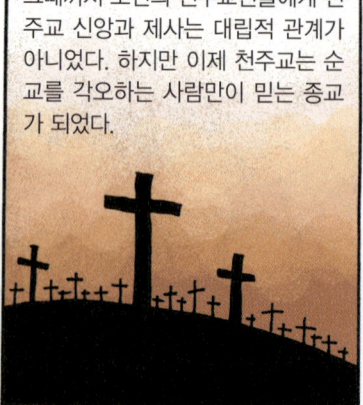

4. 정약용과 친구들의 악연

5. 부모의 신주를 불태운 진산 사건

6. 이기경, 적으로 돌아서다

이승훈은 성균관에서 서양서를 보지도 않았고, 천주교에 관해 설법하지도 않았다는 주장이었다.
이는 있지도 않은 일로 모함하는 것이옵니다.

정조는 이승훈을 석방하여 스스로 반성하도록 하라고 관대하게 처분했다.
형님, 이제 살았습니다.
….

이대로 이 사건이 깨끗하게 끝났으면 좋으련만….

의금부에 끌려온 권일신은 홍낙안의 주장을 반박했으나 천주교에 대해서는 옹호했다.
홍낙안을 아는가?
저의 팔촌 족조인 권부의 외손입니다.

비록 얼굴을 보지는 못하였으나 안부는 서로 통하였는데

교주라는 이름을 저에게 돌리다니 실로 무슨 까닭인지 모르겠습니다.

장인의 장례 때 자식들이 문상 가지 않았다고 하던데 사실인가?

그러나 일곱 번째 공술에서야 비로소 사학이라고 증언했다.

서학은 대체로 공맹의 학문과 달라 인륜에 어긋날뿐더러

나아가 제사를 폐지하고 사람의 마음을 빠뜨리게 하였으니 이 점에 있어서는 사학입니다.

이 점에 있어서는 사학…?

그럼 그 점을 제외하면 사학이 아니라는 뜻이냐!

발칙하고 고약한 놈 같으니. 네 놈의 사지를 비틀더라도 자백을 꼭 받아내고야 말겠다.

권일신에 대한 취조가 어떻게 되었느냐?

그가 교주라는 칭호에 대해서는 극구 변명을 하면서도, 유독 야소(예수)에 대해서는 끝내 사특하고 망령되다고 배척하는 말을 하지 않습니다.

제3장
사도세자! 사도세자!

1. 사도세자의 유산

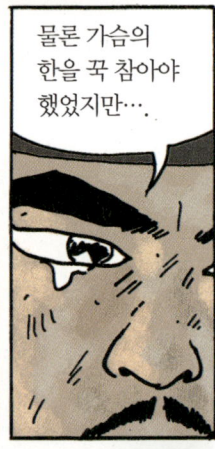

「영남만인소」 파문은 이렇게 일단락되었으나 이것이 끝은 아니었다.

같은 해 5월, 사직 서유린이 상소를 올려 사도세자를 모해한 자들의 처벌을 요구하고 나섰던 것이다.(정조 16년 5월 5일)

영남이 1만여 명의 사람들의 충분을 품고 서로 이끌고 와

대궐 문을 두드리며 전달한 것은 바로 군신상하가 강명해야 할 큰 의리인 것입니다.

영남이 이와 같으니 한 나라를 알 수가 있습니다.

한 나라가 함께 분개하여 함께 성토하는 것을 전하께서 따르지 않을 수 있겠습니까.

서유린은 영조 승하 당시 도승지로서 정조가 보위를 이양받는 데 큰 공을 세운 인물이었다.

그럼, 나라 전체가 우리 노론을 분개하며 성토한다는 겁니까.

우리가 그렇게 만만해 보이나보지….

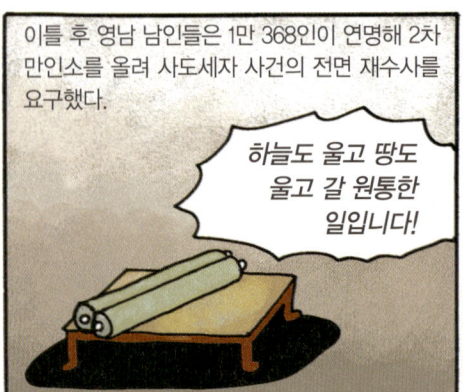

2. 정조의 선택

국왕의 상소 금지령을 어긴 것은 중죄였으나 정조는 박하원을 처벌할 수 없었다.

"그를 처벌하여 노론의 기를 살릴 수는 없는 노릇…."

대신 정조는 그 다음날부터 업무를 보지 않는 것으로 이에 대응했다.

정조의 업무 거부가 계속되자 조정은 긴장했다.

사도세자 사건이 거론된 끝에 업무를 거부하는 것이니 긴장하는 것이 당연했다.

모두 극도의 긴장 속에서 정조가 어떤 선택을 내릴지 주목했다.

이런 긴장을 깨고 정조가 조정 대신들을 중희당으로 부른 것은 업무 거부 열흘 만인 5월 22일이었다.

"전하께서 납시었습니다."

내가 경들에게 유시할 것이 있으니 도제조는 분명히 들으라.

정조가 열흘 만에 입을 열었다. 훗날 '5월 22일의 하교'라고 불리는 이날의 발언은 이후 정국에 큰 영향을 끼친다.

경들은 생각해 보라. 내가 등극한 이후에 임오년의 의리에 대해 분명한 말로 유시하지 못했고

그들을 주륙(誅戮)한 것도 다른 일을 가지고 했으며, 그들을 성토한 것도 다른 조항을 가지고 했다.

화가 났지만 감히 말을 하지 않았고 말을 하고자 했지만 감히 자세히 하지 않았는데

이것이 과연 참으로 원수를 숨기고 원한을 잊어서 밝혀야 할 의리를 밝히지 못하고, 시행해야 할 징토를 시행하지 않으려고 그런 것인가.

정조는 사도세자를 직접 거론하며 처벌하지 못한 이유를 선대왕(영조)의 유훈에서 찾았다.

영조가 사도세자가 죽은 2년 후 세손(정조)을 이미 죽은 효장세자의 후가로 입적시켰다.

이로써 세손은 법적으로는 효장세자의 아들이 되었으나 그렇다고 사도세자의 혈연까지 지워지는 것은 아니었다.

노론도 세손의 제거를 요청했으나 영조는 이를 거부했다. 이 무렵 영조는 사도세자를 죽인 것을 후회했던 것이다.

영조는 죽기 한 달 전에 세손과 대신들에게 사도세자 사건에 대해 유언했다.

막을 수 없는 것은 지극한 정이다.

할아버지의 유훈을 받들자니 아버지의 원혼이 울고, 아버지의 원수를 갚자니 할아버지의 뜻을 어기는 불효손이 되는 모순된 상황에서 정조가 찾은 해법은 경에서 권도를 찾는 것이었다.

그래서 할아버지의 명을 거역하지 않고 아버지의 원수를 갚는 방법을 찾았다.

이 원수들의 행적에서 죄되는 일이 어디 한둘이겠느냐.

사도세자를 직접 거론하지 않고 사건 당사자들을 다른 명목으로 처벌을 하면

아버지의 원수도 갚고 할아버지의 유명도 거역하지 않는 권도가 아니겠소.

현명한 방도 이옵니다.

채제공은 정조의 하교에 동감을 표했다.

영남 유생들이 청한 것도 역시 이것 입니다. 이밖에는 별다른 방도가 없는 것 같습니다.

뿐만 아니라 채제공은 이날 영중추부사 이복원과 함께 연명 상소를 올려 정조의 치사에 거듭 지지를 표했다.

30년 동안 차마 말하지 못하고 차마 듣지 못했던 정미한 의리와 뜻이 근일 이래로 마치 일월처럼 밝아지고,

부월(도끼)처럼 내걸렸으니 동국의 대소 신민으로 사람의 마음과 신하의 분수가 있는 자라면 눈물을 흘리면서 손을 모아 받들고 장엄히 외지 않은 자가 없습니다.

그리고 앞으로 불령한 무리가 사의를 품고서 사도세자 문제를 다시 거론하면 그 죄가 죽음을 당하는 것을 면치 못할 것입니다.

정조는 채제공과 이복원의 연명상소에 크게 만족했다.

이 연명상소를 나라 안의 모든 벼슬아치들과 사대부들에게 알리시오.

이로써 이 문제는 정리되는 듯했다. 그러나 이듬해(정조 17년) 연명상소의 당사자인 채제공이 사도세자 사건 연루자의 처벌 문제를 다시 거론하면서 조정에는 다시 큰 풍파가 인다.

3. 사도세자의 도읍, 화성

4. 금등지사의 비밀

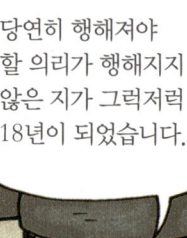

그러나 정조는 이것을 불문에 부쳤는데, 이는 나중에 채제공이 사도세자 문제를 거론할 때 항상 따라다니는 공격의 요소가 된다.

홍문관 부교리 어용겸이 김종수에게 가세해 채제공을 처벌하라고 주장했다.

전하의 용단을 크게 발휘하소서.

정조는 금오문 밖에서 석고대죄하고 있는 채제공을 불렀다.

경이 이 상소를 낸 이유가 무엇인가?

상소문을 펴들어 두어 줄도 채 읽지 못하고 나도 모르게 마음이 오싹하고 뼈가 저리었소.

지금 입장에서는 종전에 경을 살려낸 뜻이 허사로 돌아갔음을 면치 못하게 되었고,

앞으로 터져나올 의견들을 막을 수가 없으니 비록 애써 감싸주고자 하여도 어떻게 할 수가 없게 되었소.

이 사건으로 조정은 사실상 마비되었다. 더 이상 이 문제로 시간을 끌 수는 없다고 판단한 정조는 정면 돌파를 결심했다.

정조는 8월 8일, 원임 대신과 2품 이상의 문무 벼슬아치와 내각, 삼사의 모든 신하를 불렀다. 작년 '5월 22일의 하교'를 내릴 때와 비슷한 상황이었다.

상소문을 직접 본 사람은 작성자인 채제공과 정조, 그리고 당직 승지 외에는 아무도 없었다. 영의정 홍낙성 이하 아무도 원래의 상소문을 보지 못했다고 답할 수밖에 없었다.

전 영상이 상소한 말을 경들은 정말 어느 사람에게 들었으며 또 무슨 일을 가지고 죄로 삼는가?

이 문제가 만일 범법이라면 전 영상이라고 하여 무엇을 아낄 것이고,

반대로 전 좌상이라고 하여 무엇을 아낄 것인가.

전 영상의 상소 가운데 한 구절의 말은 곧 아무해(임오년)의 큰 의리에 관한 내용이 핵심인데,

내가 감히 한 번도 이를 제기하지 못한 이유는 참으로 이 일이 아무해에 관계된 것이어서 감히 말할 수 없었던 것이다.

가령 전 영상이 국가를 위하여 한 번 죽기로 작정하고 미덕을 찬양하려는 애타는 마음과

피 끓는 정성에서 한 말이라 하더라도 내가 감히 말하지 못하는 것을 전 영상이 감히 말하였으니

그 겉만을 얼핏 본다면 그의 죄는 용서하기 어려운 것이다.

노론은 그간 사도세자를 처분한 당사자가 영조라는 데서 자신들의 정당성을 찾았다. 따라서 사도세자 사건을 재평가하는 것은 영조에 대한 불충이었다.

후왕이 선왕을 부정할 경우 역모의 명분이 될 수 있었다.

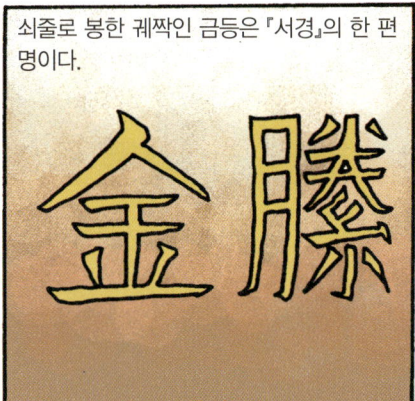

쇠줄로 봉한 궤짝인 금등은 『서경』의 한 편명이다.

주 무왕이 병들자 주공은 태왕, 왕계, 문왕 등 조상들에게 자신이 대신 죽을테니 무오아의 목숨을 살려달라고 빌었다.

그리고 기도문을 금등 안에 넣어 보관했다.

그후 성왕이 즉위하자 관숙, 채숙 등은 주공이 조카 성왕의 자리를 노린다는 소문을 퍼뜨린다.

성왕은 주공을 의심하지만, 비로소 금등의 글을 꺼내 본 성왕이 주공에 대한 의심을 풀고 돌아오게 했다는 고사이다.

이 말은 자신의 목숨을 바쳐 다른 사람을 살리려는 뜻을 나타낼 때 사용된다.

영조가 손수 적은 '금등지사' 가운데 두 구절을 베껴 적은 쪽지였다.

> 피 묻은 적삼이여
> 피 묻은 적삼이여
> 동이여 동이여,
> 누가 영원토록
> 금등으로 간수하겠는가
> 천추에 나의 품에서 돌아오기를
> 바라고 바라노라

'누가 영원토록 금등으로 간직하겠는가'라는 구절은 세자가 영조가 아플 때 대신 죽기를 바랐다는 내용이 담긴 것이고,

'나의 품에서 돌아오기를 바라고 바라노라'라는 구절은 사도세자가 살아 돌아오기를 바라는 영조의 마음이 담긴 글이었다.

『정조대왕 행장』은 이 비가를 보고 '왕도 울었고 제신들도 다 눈물을 흘렸다'고 기록하고 있다.

당심이 뼛속 깊은 곳까지 배인 자가 아니라면 울지 않을 수 없는 비가였다.

당쟁으로 인해 부모가 죽인 자신의 죽음을 놓고 충심이다, 역심이다 다투는 그 자체가 조선의 비극이었다.

정조가 금등지사를 꺼냄으로써 채제공의 상소로 시작된 파문은 비로소 끝이 났다.

그러나 정약용의 생각은 달랐다.

장차 이것이 어떻게 변할 것인가….

정약용은 「자찬묘지명」에 이때의 생각을 적었다.

우리 당의 참혹한 화란은 대개 이 사건에서 움트고 있었다.

이것이 끝이 아니라 새로운 사건의 시작이라고 예언했다.

그 예언은 정조 사후 정약용 일가를 비롯해 남인들이 대참사를 당하는 신유사옥으로 현실화되었다.

제3장 사도세자! 사도세자! 227

제4장
벼슬길에서

1. 암행어사 정약용

* 하예 : 천하게 일하는 사람
** 사은숙배 : 임금의 은혜에 감사하며 공손하고 경건하게 절을 올리던 일

정약용에게 담당된 생읍은 적성, 마전, 연천, 삭녕이었다.

삭녕으로 갈 때는 양주를 통해서 가고, 돌아올 때는 파주를 통해서 오라는 행로와 사목, 즉 임무가 자세히 기재되어 있었다.

흉년에 조세를 감해주지만 실제 감해준 액수만큼 백성들이 혜택을 받기가 어려우니, 수령이 사사롭게 쓰거나 아전들이 훔치는지 특별히 살펴보도록 하라 등….

관리들이 청렴하면 백성도 좋고 나라도 태평성대를 누릴 수 있으련만

이때 정약용과 같이 경기 어사에 선발된 인물로는 광주·죽산의 박윤수, 양천·김포 등의 채홍원 등 무려 열 명이나 되었다.

어사는 탐욕스러운 지방관들에게는 저승사자였으나 직급이 그다지 높지 않아서 정약용 역시 정 6품 수찬에 불과했다.

제4장 벼슬길에서 243

2. 주문모, 잠입하다

정조 18년(1794) 12월 말, 중국인 신부 주문모는 조선과 청나라의 국경이었던 변문으로 향했다.

책문으로도 불리는 변문은 압록강 북쪽 봉황성 부근에 세운 것인데, 사신 일행이 드나들 때는 문이 열려 장사를 했다.

당시의 책문은 그리 엄격하게 관리되지는 않았다.

한 길 되는 장목을 땅에 눌러박고 긴 나무로 가로 매었으나 몸집이 작은 사람은 그 틈으로 충분히 출입할 수 있다.

낮에는 숨고 밤에만 걸어서 서울에 도착한 주문모는 윤우일이 마련해준 서울 북촌 정동에 머물다가 곧 계동으로 옮겼다.

그는 여러 신자들에게 세례를 주었다.

"천주님 안에서는 양반과 상것의 구별이 없고, 잘나고 못난 차별도 없습니다."

그해 부활절에는 조선에서 최초로 성제를 드리고, 그 전날 고해성사를 받은 신도들에게 성체를 행했다.

주문모의 이런 사제 활동은 6개월 정도 되었을 무렵 한영익의 등장으로 첫 번째 시련에 봉착한다.

"외국인 신부가 조선에 들어와 포교를 하고 있다고!"

한때 신자였던 영익은 천주교를 극렬히 반대하던 이벽의 형 이격에게 중국인 신부의 입국 사실을 알려주었다.

"천주학쟁이들이 국법을 유린하고 있구나!"

3. 옥책문

석진은 중국 오대의 후진을 뜻하는데 다른 나라의 연호를 휘호에 쓸 수는 없는 노릇이었다.

옳지! 바로 그거야. 하하하.

정조는 크게 기뻐하며 존호를 고치라고 명했고 신하들은 '장륜융범 기명창휴'라고 고쳐 올렸다.

장륜은 윤리를 드높였다는 뜻이며 사도세자의 효성을 의미합니다.

그럼, 금등지사와도 같은 뜻이겠구나. 좋아, 이것으로 하자.

그런데 대제학 서유신이 옥책문을 지으며 금등의 일을 또 언급하지 않았다. 그러자 부수찬 한광식이 상소해서 이 문제를 따졌다.

'장륜'이라는 글자를 넣어 휘호를 고쳤는데 왜 옥책문에서는 그 내용이 빠졌는지 그 사실을 밝혀야 합니다.

신은 원컨대 전하께서 이를 고쳐 경모궁(사도세자)의 덕과 지극한 행실이 밝게 빛나서 억만년토록 영원히 전하게 하시기를 바랍니다.

한광식의 상소문을 두고 노론과 남인의 반응이 달랐다. 노론 영의정 홍낙성은 서유신의 옥책문이 잘 되었다고 지지했으나, 남인 영중추부사 채제공은 잘못되었다고 비판했다.

무난한데.

매우 유감이오.

문제는 옥책문 일부를 교정하느냐, 아니면 전체를 새로 짓느냐의 문제였다. 정조가 서유신에게 다시 지어 올리라고 명했으나

대체학으로서 문장이 논란이 된 서유신은 사직 상소를 낼 수밖에 없었다.

"소인은 부족해서….”

"그럼 일부만 수정하는 걸로 해야 하나?"

"정말 뾰족한 수가 없구만….”

도감 도제조 채제공을 비롯해 제조 민종현, 심이지, 이득신, 이가환 등이 모두 깊은 신음 속에서 방황할 때 정약용이 나섰다.

"문제는 뜻이 올바른가 이옵니다."

대체로 표, 전, 조, 고와 같은 유형의 글은 자구에 결함이 있을 경우 삭제하거나 윤색만 해도 괜찮겠지만,

"지금 옥책문은 금등의 일을 언급하지 않았으니 이는 생명력을 모두 잃은 것입니다. 그러니 다시 짓지 않으면 아마도 올바른 뜻을 얻기 어려울 것입니다."

즉, '장륜' 두 글자가 이 한 편의 종지인데 이 점에 대해서 언급하지 않았으니 그 뜻을 잃은 것과 같습니다.

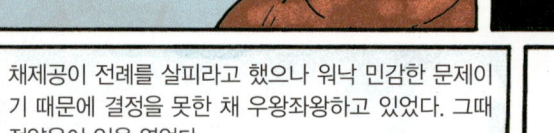

4. 천세, 천세, 천천세

국왕이 직접 예행연습을 한 것은 혜경궁의 지위를 높이기 위해서였다.

그러면 사도세자의 지위도 자연 올라가게 마련이다.

드디어 윤 2월 9일 말을 탄 정조는 가마를 탄 혜경궁 홍씨를 모시고 화성으로 향했다. 사도세자의 두 딸 청연과 청선도 가마를 탔다.

작년의 이런 모든 행사들이 정조에게 새롭게 다가왔다.

하지만 지금은 그렇게 억울하게 돌아간 부친 사도세자의 한을 안고 혜경궁 홍씨의 회갑연을 치르러 화성으로 가는 길이다.

윤 2월 13일 화성행궁의 내전에서 혜경궁 홍씨의 회갑연이 성대하게 열렸다. 관례에 따라 의식이 진행되고 악대가 연주하는 낙양춘곡이 흐르는 가운데 내외명부 여인들의 절이 끝나자 악대가 낙양춘곡을 여민락령으로 바꾸면서 정조의 차례가 되었다.

〈화성능행도〉, [봉수당진찬도]
: 김홍도, 비단에 채색

혜경궁 홍씨의 탄생 일주갑을 기념하여 화성행궁 봉수당에서 행한 진찬 장면을 그린 진찬도이다. 정조가 1795년 윤2월 9일부터 16일까지 화성에 있는 부친 사도세자의 묘 현륭원에 행행(行幸)했을 때의 주요 행사를 그린 병풍 〈화성능행도(華城陵幸圖)〉 중의 1폭이다.
화면 윗부분에 봉수당을 배치하고, 중앙의 중량문과 좌익문을 연결하는 행각과 담장으로 공간을 구획하여, 그 안쪽에 진찬 장면을 묘사했다. 봉수당 앞 계단에서 마루에 이르기까지 임시로 보계를 설치하고 백목장(白木帳)을 둘러 공간을 구분하였으며 그 위로 대형 차일을 쳤다.

정조는 연회에 참석한 나이든 대신들에게 비단 한 필과 누런 명주를 주었고, 일반 백성에 대한 배려도 잊지 않았다.

만약 사도세자가 죽지 않았다면 이보다 더 큰 영화를 누렸을 것이었다.

정조는 영의정 홍낙성을 비롯해 연회에 참석한 고령의 벼슬아치에게 각각 포상했다.

그리고 수원부성 내외에 사는 백성들에게도 1년 동안 세금을 면제하고 가난한 백성들에게는 쌀을 나누어 주겠노라.

정조는 이튿날 신풍루에 나아가 수원부의 가난한 사민 539명에게 200여 석의 미곡을 나누어 주고 진휼 대상인 4800여 명의 백성들에게 미곡과 미역, 소금, 간장 등을 나누어 주었다.

정조가 내려준 10만 꿰미의 돈은 이 모든 행사를 치르고도 남았다.

그러자 정조는 남은 돈으로 곡물을 마련해 '을묘년 정리곡'이라 명명해 전국 300여 주현에 나누어 주었다.

혜경궁 홍씨의 회갑을 온 나라 백성들이 즐기게 하려는 뜻이었다.

정조는 이번 행사를 백성들을 직접 만나는 계기로 이용했다.

윤 2월 16일 서울로 환궁하면서 시흥을 지날 때 부로(父老)를 불러서 고통을 물어보았다.

백성들의 고통은 정약용이 암행어사를 마치고 복명한 대로 환곡에 관한 것이 많았다.

그래서 정조는 지난해 추수 때 상환 기안을 연기시켜 주었던 환곡을 일체 탕감해 주라고 명했다.

혜경궁 홍씨의 회갑을 왕실이나 사대부만의 잔치가 아니라 만백성의 잔치로 만들려는 것이었다.

그리고 실제로 정조의 노력에 의해 그렇게 되었다.

긴긴 봄날 장락궁에서 술잔 올리며, 세 차례나 축원을 올립니다. 자손에 끼쳐주신 어머니 은혜, 그 무엇이 이보다 높으리까. 복록이 풍성하게 넘쳐흐르며 찬란하게 빛나옵니다.

5. 금원의 잔치

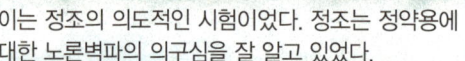

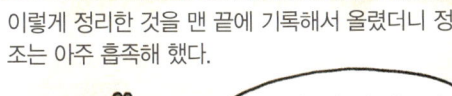
이렇게 정리한 것을 맨 끝에 기록해서 올렸더니 정조는 아주 흡족해 했다.

허허, 한 권 정도의 분량이 아니면 자세히 할 수 없을 것이라고 생각했는데

한 마리 소가 땀을 흘리며 끌어야 할 정도의 많은 분량을 한 장의 종이에다 정리해 놓았으니, 잘했다.

정조는 오랫동안 칭찬을 아끼지 않았다.

그러나 정조는 때로 정약용을 엄하게 다루었다. 정조 19년(1795) 봄 정약용이 회시의 고관이 되었을 때의 일이었다.

무슨 시험이 있길래 지방 선비들이 서울로 모여드나?

회시를 보러 오는 거지.

회시는 1소와 2소 두 군데로 나누어 치러지는데 정약용은 1소의 동고관을 맡았다.

회시라 함은 지방의 문무과 초시에 합격한 이들이 보는 시험이잖아.

여기에 합격해야 진사가 되고 대과에 응시할 수 있는 거야.

시험 시작

一所 二所

제4장 벼슬길에서

그해 봄 정조는 관중추부사 채제공을 좌의정으로 삼고, 이가환을 공조판서로 삼고, 정약용을 우부승지로 삼았다.

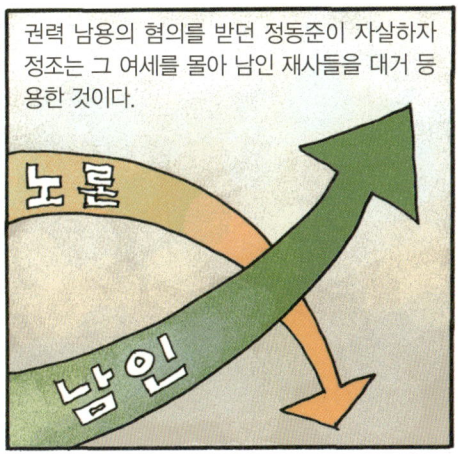

권력 남용의 혐의를 받던 정동준이 자살하자 정조는 그 여세를 몰아 남인 재사들을 대거 등용한 것이다.

정약용은 「정헌이가환묘지명」에서 이때를 이렇게 서술했다.

> 이에 안팎의 분위기가 흡족하여 훌륭한 인재들이 모두 진출하는 것으로 생각할 정도였다.

이처럼 조정의 역학구도가 변하려 하고 있었다.

그러나 노론은 정국이 그렇게 흘러가도록 방관하지 않았다.

> ….